La historia de los

combustibles fósiles

William B. Rice

Asesora

Catherine Hollinger, CID, CLIA
EPA WaterSense Partner
Asesora ambiental

Créditos de publicación

Rachelle Cracchiolo, M.S.Ed., *Editora comercial*
Conni Medina, M.A.Ed., *Gerente editorial*
Diana Kenney, M.A.Ed., NBCT, *Editora principal*
Dona Herweck Rice, *Realizadora de la serie*
Robin Erickson, *Diseñadora de multimedia*
Timothy Bradley, *Ilustrador*

Créditos de las imágenes: Portada, pág.1
iStockC; pág.19 Courtney Patterson; pág.14
dieKleinert / Alamy; pág.15 Getty Images/
Cultura; págs.8, 9, 12, 14, 19, 20, 21, 22, 23, 25, 26,
32 iStock; pág.28, 29 Janelle Bell-Martin; pág.27
LOOK Die Bildagentur der Fotografen GmbH/
Alamy; pág.12 M. I. Walker / Science Source;
pág.13 Mark A. Schneider / Science Source;
págs.13, 31 Martin Shields / Science Source;
pág.11 Peter Bowater / Alamy; pág.13 Photo
Researchers / Science Source; pág.7 Publiphoto/
Science Source; pág.4 Walter Myers / Science
Source; pág.4 Wikimedia Commons; las demás
imágenes cortesía de Shutterstock.

Teacher Created Materials

5301 Oceanus Drive
Huntington Beach, CA 92649-1030
http://www.tcmpub.com

ISBN 978-1-4258-4706-7

Contenido

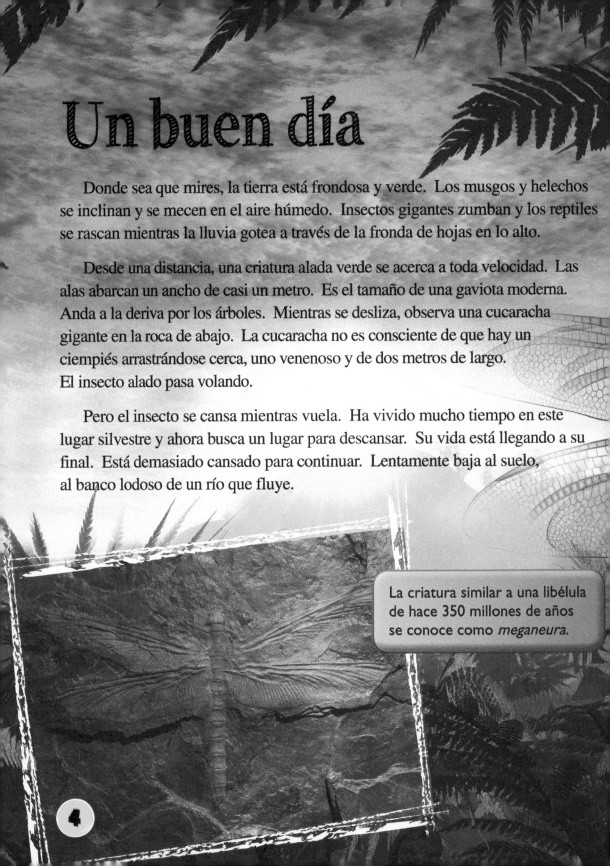

Un buen día

Donde sea que mires, la tierra está frondosa y verde. Los musgos y helechos se inclinan y se mecen en el aire húmedo. Insectos gigantes zumban y los reptiles se rascan mientras la lluvia gotea a través de la fronda de hojas en lo alto.

Desde una distancia, una criatura alada verde se acerca a toda velocidad. Las alas abarcan un ancho de casi un metro. Es el tamaño de una gaviota moderna. Anda a la deriva por los árboles. Mientras se desliza, observa una cucaracha gigante en la roca de abajo. La cucaracha no es consciente de que hay un ciempiés arrastrándose cerca, uno venenoso y de dos metros de largo. El insecto alado pasa volando.

Pero el insecto se cansa mientras vuela. Ha vivido mucho tiempo en este lugar silvestre y ahora busca un lugar para descansar. Su vida está llegando a su final. Está demasiado cansado para continuar. Lentamente baja al suelo, al banco lodoso de un río que fluye.

La criatura similar a una libélula de hace 350 millones de años se conoce como *meganeura*.

Allí en el lodo, el insecto respira por última vez. La lluvia sigue cayendo y entierra el cuerpo del insecto en el lodo. Se hunde más y más profundo. Con el tiempo, su cuerpo **se descompone**. El de la cucaracha y el ciempiés también. Pronto, las plantas y los árboles mueren, y sus hojas y tallos podridos se mezclan con la sustancia viscosa lodosa.

El tiempo pasa. Pasan los días, los meses y los años. Las décadas y los siglos comienzan a pasar volando. Luego, pasan los milenios. Y finalmente, millones de años.

El insecto ya no es ni un recuerdo. Pero sus **restos** se han mezclado con los de todas las demás criaturas debajo de la superficie de la Tierra. El calor y la presión han sido constantes. La masa se ha transformado durante los cientos de millones de años que han pasado. No solo se han convertido en roca sólida, sino también en un depósito de energía.

Hasta que un buen día, un día como hoy, una plataforma minera irrumpe, y el depósito sólido de energía ve la luz del día...

¿Pollos o huevos?

Determinados animales necesitaron la Era Carbonífera para evolucionar. Durante esta época, se desarrollaron los huevos que podían yacer tranquilos en la tierra, como los huevos de pollo.

Era Carbonífera

La Era Carbonífera es parte de la Era Paleozoica de la época geológica. Es famosa por las grandes capas subterráneas de **carbón** que se depositaban entonces, desde 359 hasta 299 millones de años atrás. Debajo de la superficie terrestre, la materia de hace millones de años se transformó en los combustibles fósiles actuales.

La palabra *carbonífera* significa "que contiene carbon". La palabra contiene dos palabras en Latín: *carbo*, que significa "carbón", y *fero*, que significa "yo doy" o "yo llevo".

¿Qué son los combustibles fósiles?

Los combustibles fósiles son sustancias como el **petróleo**, el carbón y el **gas natural**. Los usamos todos los días. Se denominan *combustibles fósiles* porque se forman de **organismos** que murieron y quedaron enterrados bajo muchas capas de tierra y roca llamadas **sedimento**. Son combustibles porque proporcionan energía que alimenta la mayor parte de nuestras necesidades.

El petróleo es un combustible fósil que está hecho de organismos muy diminutos que vivieron en el océano hace mucho tiempo. El carbón está compuesto por plantas y animales que vivían sobre la tierra. El gas natural se origina en ambos lugares, en los océanos y en la tierra. Pero todos estos combustibles tienen una cosa en común. Los organismos que los crearon vivieron y murieron hace cientos de millones de años.

El carbón es una roca sólida de color marrón oscuro o negro.

El gas natural es un gas transparente que no tiene olor ni sabor.

Fósiles

Los fósiles son los restos de seres vivos prehistóricos que han sido preservados en una roca o como moho en una roca.

La palabra *petróleo* proviene de dos palabras en griego. *Petro* es la palabra para "roca", y *oleum* es la palabra para "aceite".

El petróleo varía en color de amarillo a negro.

Todos estos combustibles abastecen la mayor parte de la demanda de energía del mundo. Cada uno es considerado un recurso **no renovable**. Significa que no se renuevan ni reabastecen con facilidad. Tomará muchos millones de años renovarlos.

No todo el petróleo es igual. No todo el carbón es igual. No todo el gas natural es igual tampoco. Algunos se consideran mejores que otros. Algunos necesitan más **refinado**, o tratamiento. Otros necesitan menos. Y algunos tienen más energía por galón que otros.

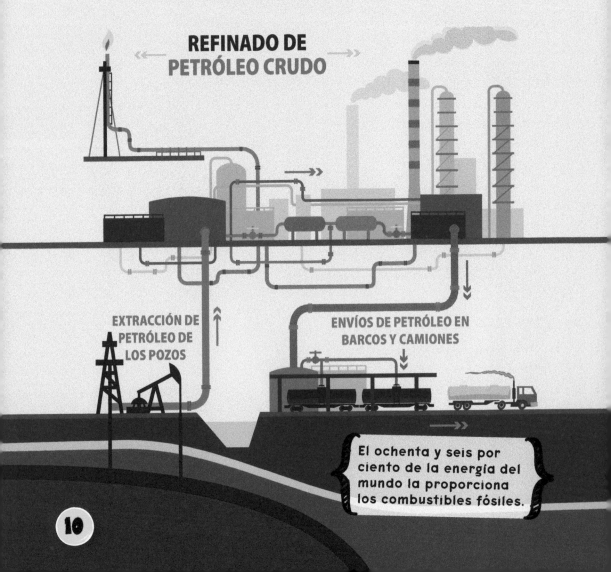

REFINADO DE PETRÓLEO CRUDO

EXTRACCIÓN DE PETRÓLEO DE LOS POZOS

ENVÍOS DE PETRÓLEO EN BARCOS Y CAMIONES

El ochenta y seis por ciento de la energía del mundo la proporciona los combustibles fósiles.

refinería de petróleo

Refinado del petróleo

Otro término que frecuentemente se usa para petróleo es *petróleo crudo*. El petróleo crudo generalmente hace referencia a la sustancia que se bombea desde el suelo antes de que haya sido refinado. *Crudo* significa "muy simple y básico". El petróleo que vemos y usamos es mucho más complejo que el petróleo natural.

¿Cómo se originan los combustibles fósiles?

El petróleo y el gas natural se originan a partir de plantas y animales que murieron hace cientos de millones de años. En ese entonces, las plantas y los animales muy pequeños, muy similares a los que conocemos ahora, flotaban en los océanos. Las plantas se llaman *fitoplancton*. Eran capaces de realizar la fotosíntesis tal como las otras plantas. Los animales se llaman *zooplancton*. Estos se comían a otros animales diminutos. También comían plantas vivas y muertas. Aunque eran diminutos, había miles de millones de ellos en los océanos. Como estaban vivos, sus cuerpos tenían mucha energía del sol. También tenían energía de los alimentos que comían.

Cuando morían, los cuerpos se asentaban en el fondo del océano. Se acumulaban durante millones de años. Las pilas se hacían más grandes con el paso del tiempo. Se mezclaron y quedaron enterradas por sedimentos. Las capas de sedimentos y seres muertos ejercían presión. También calentaban mucho las cosas.

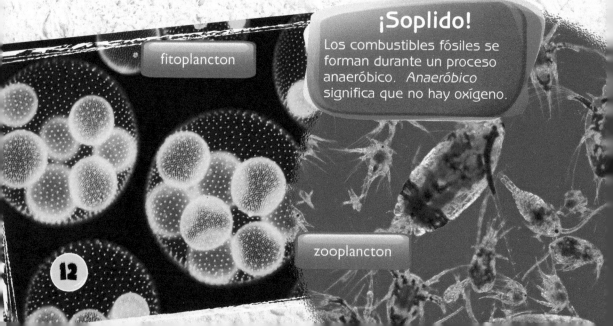

fitoplancton

¡Soplido!

Los combustibles fósiles se forman durante un proceso anaeróbico. *Anaeróbico* significa que no hay oxígeno.

zooplancton

Tipos de carbón

Existen tres tipos principales de carbón.

La antracita produce la mayor cantidad de energía y se quema de la manera más limpia.

El carbón bituminoso tiene menos energía y más contaminantes cuando se quema.

El lignito tiene la menor cantidad de energía y la mayor cantidad de contaminantes.

La presión y el calor transformaron las plantas y los animales enterrados. No había más sólidos sino materiales que podían fluir. Con el tiempo, se convirtieron en petróleo y en gas natural. Los movimientos en la tierra los acercaron a la superficie.

El carbón se formó de manera similar, pero en la tierra. Hace millones de años, había pantanos en grandes partes de la superficie de la Tierra. Allí vivían muchas plantas y animales. Cuando estos organismos morían, los cuerpos se apilaban en el suelo. Pasaron años y años. La mayoría de los materiales formaban pilas cada vez más grandes. Todo quedó enterrado profundo debajo de la tierra. Esto creó un medio ambiente caliente y de alta presión. Y eso convirtió los materiales en carbón y en gas natural.

Muchos años después llegaron los seres humanos. Los seres humanos aprendieron a obtener combustibles fósiles del suelo. Y aprendieron a usar los combustibles con muchos fines diferentes.

Petróleo

¿Cómo se forma el petróleo? El proceso es sencillo.

Primero, los restos de plantas y animales permanecen hundidos en el fondo de un cuerpo de agua y están cubiertos con barro.

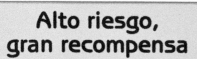

Alto riesgo, gran recompensa

Las personas han estado practicando la minería de carbón durante miles de años en una forma parecida a la que siempre lo han hecho. Es un trabajo peligroso, pero muchas personas lo hacen.

Después de años de presión, el lodo se convierte en capas de roca, y las plantas y los animales en descomposición se vuelven líquido.

El líquido se filtra a través de la roca porosa. La roca porosa tiene orificios. Cuando encuentra una capa no porosa, se acumula entre los dos para convertirse en petróleo y en gas.

¿Cómo usamos los combustibles fósiles?

Como los combustibles fósiles se forman de plantas y seres que alguna vez estuvieron vivos, pueden quemarse. Cuando los quemamos, estos liberan calor que podemos usar. Podemos cocinar. Podemos dar energía a las cosas. Podemos calentar.

El petróleo se utiliza para producir gasolina y combustible diésel. Se quema los motores de automóviles, autobuses, trenes y aviones. Quemar el combustible permite que los vehículos se muevan.

El petróleo es un recurso de energía muy útil. Tiene mucha energía concentrada. Por lo tanto, con poco basta. También se **transporta** con facilidad. Puede llevarse desde su lugar de origen hasta los lugares que lo necesitan sin mucho problema. También se usa con facilidad.

El carbón se quema principalmente en las plantas de energía para generar electricidad. La electricidad se transporta por cables eléctricos a los negocios, las fábricas y las casas. Hace mucho tiempo las personas usaban carbón para calentar sus casas. Pero ese ya no es tanto el caso.

En Estados Unidos se usa cerca de 1,393 millones de litros (368 millones de galones) de combustible por día.

Quedarse sin combustible

Los combustibles fósiles se están gastando más rápido de lo que pueden producirse. Nuestro suministro de carbón actual solamente durará alrededor de 1,500 años a la velocidad que se usó en el pasado. ¡Con solamente una tasa de crecimiento del 5 por ciento, durará menos de 100 años!

Mucho carbón en China

Alrededor del 80 por ciento de la electricidad de China proviene del carbón. Eso se compara con solamente el 30 por ciento de la electricidad mundial que proviene del carbón.

planta de energía que funciona con carbón

El gas natural también se quema en las plantas de energía para producir electricidad. La electricidad se transporta de la misma forma que en la producción de carbón. El gas natural también se usa para cocinar y calentar. Y se utiliza en muchos procesos de fabricación. Se transporta por tuberías a los negocios, las fábricas y las casas. En esos lugares se quema. Así es como lo usamos para cocinar y calentar. También se utiliza para impulsar automóviles y para hacer fertilizantes para cultivos.

Los elementos plásticos están hechos con petróleo. Estos incluyen piezas de automóviles, juguetes, televisores y teléfonos celulares. ¡Incluso algunas prendas de ropa!

Sin estos combustibles no podríamos tener el tipo de civilización que tenemos. No podríamos vivir con la **industria** que tenemos. Desde luego, no podríamos conducir como lo hacemos. No podríamos tener los edificios, las autopistas y las carreteras que tenemos. Y viajar en avión sería cosa del pasado.

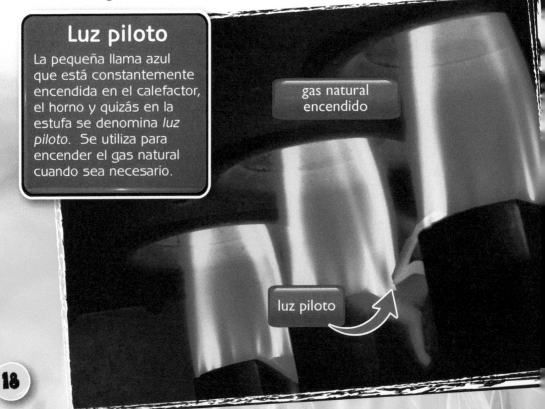

Luz piloto

La pequeña llama azul que está constantemente encendida en el calefactor, el horno y quizás en la estufa se denomina *luz piloto*. Se utiliza para encender el gas natural cuando sea necesario.

gas natural encendido

luz piloto

¡Sorpresa!

He aquí algunos de los productos más sorprendentes que usan combustibles fósiles.

PETRÓLEO

- crayones
- almohadas
- aspirina
- CD

GAS NATURAL

- plástico
- amoníaco
- pintura
- bolsas para basura

CARBÓN

- jabón
- plástico
- raquetas de tenis
- bicicletas de montaña

El olor de la seguridad

Se agrega **mercaptano** al gas natural por nuestra seguridad. Este le da al gas el olor que nos advierte cuando puede haber una fuga de gas.

La energía que obtenemos de los combustibles fósiles en realidad proviene del sol. Las plantas que componen los combustibles fósiles almacenaron la energía del sol mientras estaban vivas.

¿Dónde se encuentran los combustibles fósiles?

El petróleo y el gas natural se encuentran debajo de la tierra en muchas partes del mundo. Pero se encuentran en gran cantidad en algunos lugares. Estos lugares son los yacimientos de petróleo y de gas natural. Los yacimientos más grandes se encuentran en Medio Oriente. También hay grandes yacimientos en la India, Brasil y México. Venezuela, Kazajistán y Rusia también tienen grandes yacimientos. Asimismo Estados Unidos.

El gas natural también se encuentra donde encontramos carbón. El carbón se explota en muchas partes del mundo. Los países que explotan mucho carbón son el Reino Unido y Alemania. Francia y Bélgica también. En la actualidad, China y Estados Unidos son grandes productores de carbón. La India, Australia y Rusia también producen grandes cantidades. China produce más carbón que cualquier otro país en el mundo. Estados Unidos ocupa el segundo lugar en la producción de carbón.

Los consumidores más grandes del mundo de combustibles fósiles, como Estados Unidos y China, son frecuentemente los mayores contaminantes del mundo.

Minería de chocolate

Haz este experimento en casa para ver cómo la minería de los combustibles fósiles afecta la tierra.

1. Consigue una galleta con chispas de chocolate y un palillo.

2. Usa el palillo para minar cuidadosamente, o retirar, las chispas de chocolate de la galleta.

3. ¿Cuántas chispas de chocolate pudiste extraer? ¿Qué sucedió con el resto de la galleta? ¿Puedes hacer alguna conexión con la minería y la tierra?

Estados de combustibles fósiles

En Estados Unidos los grandes productores de gas natural son Alaska, California, Pensilvania y Texas. Los grandes productores de carbón son Pensilvania, Virginia Occidental, Wyoming, Kentucky e Illinois.

pozo de petróleo natural

Extracción y refinado

El petróleo es un líquido y el gas natural es un gas. Pueden fluir, por lo que se bombean del suelo mediante pozos de petróleo y gas. El petróleo o el gas se extraen, o retiran, de la Tierra. Para hacer los pozos se perforan orificios profundos en la tierra. Luego, las tuberías que parecen pajillas grandes y largas se colocan en los orificios.

El petróleo está compuesto de cientos de sustancias químicas. Para que sea posible usarlo, se procesa y se limpia en una **refinería**. Las sustancias químicas se separan entre sí. Luego, se transportan para usarlas o seguir procesándolas.

El gas natural se trata en una planta de procesamiento. El gas se limpia y se procesa para separar las sustancias químicas. Luego, el gas se transporta para su uso.

El carbón es un sólido. Se saca de debajo de la tierra mediante la minería. Para extraer carbón, se excavan grandes canteras o túneles subterráneos. Para hacerlo utilizable, el carbón se procesa en una planta de preparación. Se limpia y se tritura. Los pedazos se clasifican por tamaño y se cargan para el transporte.

En otras palabras, fracturación

Determinadas rocas dificultan sacar el petróleo y el gas natural del suelo. En ese caso se usa un proceso complejo y costoso llamado *fracturación hidráulica*. Comúnmente se conoce como **fracturación**. En este proceso se bombean líquidos en el suelo bajo una presión muy alta. Esto fractura las rocas y libera el petróleo y el gas natural. Luego, se bombean como siempre.

gas natural almacenado
a través de tuberías

agua recuperada para
el foso de desecho

manto freático

1,000 pies

El fluido de fracturación se bombea a los pozos a alta presión.

El gas natural liberado de las fisuras fluye a la superficie.

piedra arenisca
y otras capas de roca superpuestas

fisuras

7,000 pies
shale

¿Cuánto más?

Los combustibles fósiles son recursos no renovables. Significa que el suministro tiene un límite. Una vez que se utilizan, no hay más.

M. King Hubbert fue un geocientífico que trabajó en la industria del petróleo. Estudió los yacimientos de petróleo, de gas y más. En función de sus estudios, descubrió que todos los yacimientos de petróleo tienen un período de vida útil regular. Primero comienzan a bombear pequeñas cantidades. Luego, comienzan a bombear la cantidad máxima durante un tiempo. Gradualmente, comienzan a disminuir hasta volver a bombear pequeñas cantidades. Luego, se secan. Hubbert plasmó este período en un gráfico. Se hizo famoso como la *Curva de Hubbert*.

Con un estudio más profundo, Hubbert descubrió que esta curva podía aplicarse a yacimientos enteros, campos enteros e incluso al mundo. Predijo que la producción mundial de petróleo alcanzaría un pico aproximadamente en el año 2000. Muchas personas dudaron de sus ideas. Pero todos los pozos y yacimientos de petróleo han seguido el patrón que él encontró.

Gasohol

Los científicos han estado desarrollando energía alternativa para los combustibles fósiles. El gasohol está hecho de gasolina combinada con alcohol etílico. El alcohol etílico deja mucho menos contaminación que la gasolina, y es renovable.

Próximamente

Las predicciones actuales indican que la Curva de Hubbert estaba un poquito errada. Los expertos predicen que la producción de petróleo alcanzará un pico entre los años 2010 y 2020. Dicen que podría durar hasta el 2030, pero que no se cree que sea más tarde que eso.

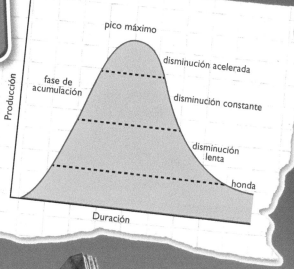

pico máximo

disminución acelerada

fase de acumulación

disminución constante

disminución lenta

honda

Producción

Duración

El suministro de combustibles fósiles en el planeta Tierra es limitado. Algún día será demasiado difícil, demasiado costoso, o no valdrá la pena el esfuerzo de extraer más combustibles fósiles.

Es importante que todos tomemos decisiones sabias y usemos los recursos con cuidado. Podemos pensar en los combustibles fósiles como un gran pago de lotería. La cantidad ganada es enorme y puede durar mucho tiempo. Pero si en realidad la gastamos, no puede durar para siempre. Al saber esto, ¿cómo podemos usar mejor los recursos en la actualidad? ¿Cómo podemos planear lo mejor para el futuro? ¿Tendrán las generaciones futuras lo que nosotros tenemos y podrán hacer lo que nosotros hacemos? ¿Cómo abastecerán de combustible su mundo?

Pensar de manera diferente

Imagina que un centro comercial reabastece sus máquinas expendedoras una vez por año. Todos deberían trabajar juntos para compartir las meriendas y hacerlas durar todo el año. Así es como funcionan los recursos no renovables.

Recreación del sol

La energía proviene del sol. Las personas han intentado durante muchos años imitar al sol para crear nuevas fuentes de energía. Estamos intentando equilibrar el costo con la energía producida.

planta de energía solar

Piensa como un científico

¿Cómo se crean los fósiles? ¡Experimenta y averígualo!

Qué conseguir

- 3 rebanadas de pan (una de pan blanco, una de trigo y una de centeno)
- cuchillo
- gomitas
- libros pesados
- pajilla transparente
- toallas de papel

Qué hacer

1. Quítale la cáscara a las tres rebanadas de pan.

2. Coloca la rebanada de pan blanco sobre una toalla de papel. Coloca tres gomitas sobre el pan blanco.

3. Repite el Paso 2 con el pan de centeno y de trigo. Apila las rebanadas de pan y colócalas en capas. Observa las gomitas. Registra tus observaciones en un cuadro como este.

Paso	Observación	Dibujo

4. Coloca una toalla de papel sobre la pila de pan. Coloca dos libros pesados encima. Deja la pila durante tres días.

5. El tercer día, retira los libros y la toalla de papel. Inserta una pajilla a través de las capas para tomar una muestra del centro. Registra tus observaciones.

6. Pídele a un adulto que te ayude a cortar las capas de roca por la mitad. Registra tus observaciones.

7. Separa el pan. ¿Qué puedes observar sobre las gomitas? Registra tus observaciones.

Glosario

carbón: un combustible fósil no renovable formado de turba

fracturación: el término correcto es fracturación hidráulica, un proceso complejo en el que se inyectan líquidos a alta presión debajo de la tierra para romper las rocas y liberar petróleo crudo y gas natural

gas natural: el gas que se toma desde debajo de la tierra y se usa como combustible

industria: negocio

mercaptano: una sustancia química agregada al gas natural para darle olor con fines de seguridad

no renovable: que no puede reemplazarse

organismos: seres vivos

petróleo: un líquido aceitoso e inflamable creado en la tierra a partir de organismos en descomposición; se usa como una fuente de combustible

refinado: el procesamiento del petróleo crudo para hacer productos

refinería: un lugar donde el petróleo crudo se procesa para hacer productos a base de petróleo, como gasolina, combustible diésel y combustible para aviones a reacción

restos: el material sobrante después de que algo ha muerto

se descompone: se pudre lentamente

sedimento: pedazos pequeños de roca, como arena, grava y polvo

transporta: lleva de un lugar a otro

Índice

¡Tu turno!

Uso de combustibles fósiles

¿Cómo usas los combustibles fósiles todos los días? Es bueno conocer la energía que usas, especialmente la energía que es no renovable. Haz una lista de todo lo que haces o utilizas en un día que use combustibles fósiles o que se haya hecho con combustibles fósiles. ¿Es larga la lista? Ahora, imagina cómo sería la vida sin gasolina, gas natural o electricidad. ¿Hay alguna forma en la que puedas usar menos energía?